Ulrich Renz · Marc Robitzky

Dzikie łabędzie
The Wild Swans

Dwujęzyczna książka dla dzieci na podstawie baśni

Hansa Christiana Andersena

Tłumaczenie:

Joanna Wallmann (polski)

Ludwig Blohm, Pete Savill (angielski)

Pobierz audiobook na:

www.sefa-bilingual.com/mp3

Bezpłatny dostęp za pomocą hasła:

polski: **WSPL2521**

angielski: **WSEN1423**

Dawno, dawno temu, było sobie dwanaścioro dzieci królewskich – jedenastu braci i starsza siostra, Elisa. Żyli sobie szczęśliwie w przepięknym zamku.

Once upon a time there were twelve royal children – eleven brothers and one older sister, Elisa. They lived happily in a beautiful castle.

Pewnego dnia zmarła ich matka. Jakiś czas później król
ożenił się ponownie, ale nowa żona była złą czarownicą.
Zaczarowała książęta w łabędzie i wysłała je daleko, do
obcego kraju, po drugiej stronie wielkiego lasu.

One day the mother died, and some time later the king
married again. The new wife, however, was an evil witch.
She turned the eleven princes into swans and sent them far
away to a distant land beyond the large forest.

Dziewczynkę ubrała w łachmany, a jej twarz posmarowała oszpecającą maścią. Ojciec nie rozpoznał jej i wygnał z zamku. Elisa uciekła do wielkiego, ciemnego lasu.

She dressed the girl in rags and smeared an ointment onto her face that turned her so ugly, that even her own father no longer recognized her and chased her out of the castle. Elisa ran into the dark forest.

Teraz była całkowicie sama i w głębi duszy tęskniła za swoimi zaginionymi braćmi. Gdy zapadł wieczór, zrobiła sobie pod drzewami posłanie z mchu.

Now she was all alone, and longed for her missing brothers from the depths of her soul. As the evening came, she made herself a bed of moss under the trees.

Następnego ranka dotarła nad ciche jezioro i wystraszyła się, widząc w nim swoje odbicie. Gdy się umyła, stała się znowu najpiękniejszą księżniczką pod słońcem.

The next morning she came to a calm lake and was shocked when she saw her reflection in it. But once she had washed, she was the most beautiful princess under the sun.

Po wielu dniach Elisa dotarła nad wielkie morze. Na falach unosiło się jedenaście łabędzich piór.

After many days Elisa reached the great sea. Eleven swan feathers were bobbing on the waves.

O zachodzie słońca słychać było szum w powietrzu.
Jedenaście dzikich łabędzi wylądowało na wodzie. Elisa od
razu rozpoznała w nich swoich zaczarowanych braci. Nie
mogła ich zrozumieć, gdyż nie znała mowy łabędzi.

As the sun set, there was a swooshing noise in the air and eleven wild swans landed on the water. Elisa immediately recognized her enchanted brothers. They spoke swan language and because of this she could not understand them.

Za dnia łabędzie odlatywały, a nocą rodzeństwo spało w jaskini, przytulone do siebie.

Pewnej nocy Elisa miała dziwny sen: matka powiedziała jej, w jaki sposób może zdjąć czar z braci. Powinna dla każdego łabędzia upleść z pokrzyw koszulkę i mu ją narzucić. Do tego momentu nie wolno jej powiedzieć ani jednego słowa, inaczej bracia umrą.
Elisa natychmiast zabrała się do pracy. Chociaż ręce paliły jak ogień, plotła niestrudzenie.

During the day the swans flew away, and at night the siblings snuggled up together in a cave.

One night Elisa had a strange dream: Her mother told her how she could release her brothers from the spell. She should knit shirts from stinging nettles and throw one over each of the swans. Until then, however, she was not allowed to speak a word, or else her brothers would die.
Elisa set to work immediately. Although her hands were burning as if they were on fire, she carried on knitting tirelessly.

Pewnego dnia w oddali rozbrzmiały rogi myśliwskie. Wkrótce przybył konno książę wraz ze swoją świtą. Gdy tych dwoje spojrzało sobie w oczy, zakochali się.

One day hunting horns sounded in the distance. A prince came riding along with his entourage and he soon stood in front of her. As they looked into each other's eyes, they fell in love.

Książę posadził Elisę na konia i galopem ruszyli do zamku.

The prince lifted Elisa onto his horse and rode to his castle with her.

Potężny skarbnik nie był zadowolony z przybycia pięknej niemowy. To jego córka miała zostać żoną księcia.

The mighty treasurer was anything but pleased with the arrival of the silent beauty. His own daughter was meant to become the prince's bride.

Elisa nie zapomniała o swoich braciach. Każdego wieczora pracowała dalej nad koszulkami. Pewnej nocy poszła na cmentarz po świeże pokrzywy. Skarbnik obserwował ją przy tym potajemnie.

Elisa had not forgotten her brothers. Every evening she continued working on the shirts. One night she went out to the cemetery to gather fresh nettles. While doing so she was secretly watched by the treasurer.

Gdy tylko książę wyruszył na polowanie, skarbnik rozkazał wrzucić Elisę do lochu. Rozgłosił, że jest ona czarownicą i nocą spotyka się z innymi czarownicami.

As soon as the prince was away on a hunting trip, the treasurer had Elisa thrown into the dungeon. He claimed that she was a witch who met with other witches at night.

O świcie straż przyszła po Elisę. Miała zostać spalona na rynku.

At dawn, Elisa was fetched by the guards. She was going to be burned to death at the marketplace.

Gdy tam doszła, nagle nadleciało jedenaście białych łabędzi.
Elisa szybko narzuciła każdemu z nich koszulkę z pokrzyw.
W mgnieniu oka stanęli przed nią wszyscy jej bracia w
ludzkiej postaci. Tylko ten najmłodszy, którego koszulka nie
była całkowicie gotowa, zachował w miejscu ramienia
skrzydło.

No sooner had she arrived there, when suddenly eleven
white swans came flying towards her. Elisa quickly threw a
shirt over each of them. Shortly thereafter all her brothers
stood before her in human form. Only the smallest, whose
shirt had not been quite finished, still had a wing in place of
one arm.

Jeszcze długo po powrocie księcia, objęciom i pocałunkom rodzeństwa nie było końca. Elisa mogła mu wreszcie wszystko wytłumaczyć. Książę rozkazał wrzucić złego skarbnika do lochu i siedem dni świętowano zaślubiny.

I żyli długo i szczęśliwie.

The siblings' joyous hugging and kissing hadn't yet finished as the prince returned. At last Elisa could explain everything to him. The prince had the evil treasurer thrown into the dungeon. And after that the wedding was celebrated for seven days.

And they all lived happily ever after.

Children's Books for the Global Village

Ever more children are born away from their parents' home countries, and are balancing between the languages of their mother, their father, their grandparents, and their peers. Our bilingual books are meant to help bridge the language divides that cross more and more families, neighborhoods and kindergartens in the globalized world.

The Wild Swans also propose to you:
Sleep Tight, Little Wolf

► A heart-warming bedtime story for
   sleepy children (and their sleepy parents)
► Reading age 2 and up
► Available in more than 60 languages
► NEW for some languages:
   Free mp3 audiobook included

www.childrens-books-bilingual.com

NEW! Little Wolf in Sign Language

Home	Authors	Little Wolf	About

Bilingual Children's Books - in any language you want

Welcome to Little Wolf's Language Wizard!

Just choose the two languages in which you want to read to your children:

Language 1:

French ▾

Language 2:

Icelandic ▾

Go!

Learn more about our bilingual books at www.childrens-books-bilingual.com. At the heart of this website you will find what we call our "Language Wizard". It contains more than 60 languages and any of their bilingual combinations: Just select, in a simple drop-down-menu, the two languages in which you'd like to read "Little Wolf" or "The Wild Swans" to your child – and the book is instantly made available, ready for order as an ebook download or as a printed edition.

Hans Christian Andersen was born in the Danish city of Odense in 1805, and died in 1875 in Copenhagen. He gained world fame with his fairy-tales such as "The Little Mermaid", "The Emperor's New Clothes" and "The Ugly Duckling". The tale at hand, "The Wild Swans", was first published in 1838. It has been translated into more than one hundred languages and adapted for a wide range of media including theater, film and musical.

Ulrich Renz was born in Stuttgart, Germany, in 1960. After studying French literature in Paris he graduated from medical school in Lübeck and worked as head of a scientific publishing company. He is now a writer of non-fiction books as well as children's fiction books. www.ulrichrenz.de

Marc Robitzky, born in 1973, studied at the Technical School of Art in Hamburg and the Academy of Visual Arts in Frankfurt. He works as a freelance illustrator and communication designer in Aschaffenburg (Germany). www.robitzky.eu

---

© 2018 by Sefa Verlag Kirsten Bödeker, Lübeck, Germany

www.sefa-verlag.de

IT: Paul Bödeker, München, Germany

Font: Noto

ISBN: 9783739952734

Version: 20170502

Printed in Great Britain
by Amazon

33245966R00017